# COUTUMES

# D'ENDOUFIELLE

## (XIIIe SIÈCLE)

### PAR PAUL LAPORTE

AUCH

IMPRIMERIE LÉONCE COCHARAUX

RUE DE LORRAINE

1911

# COUTUMES D'ENDOUFIELLE

# COUTUMES

# D'ENDOUFIELLE

## (XIIIᵉ SIÈCLE)

### PAR PAUL LAPORTE

AUCH

IMPRIMERIE LÉONCE COCHARAUX

RUE DE LORRAINE

1911

# COUTUMES D'ENDOUFIELLE

(XIII<sup>e</sup> SIÈCLE)

Des documents déjà connus nous font savoir qu'au XII<sup>e</sup> siècle, de 1100 à 1180, la seigneurie d'Endoufielle était entre les mains d'une branche des seigneurs de L'Isle, à laquelle appartenait Guillaume II d'Andoville ou d'Andozille, neveu de saint Bertrand, qui fut archevêque d'Auch et mourut vers 1170.

Dans le cours du XIII<sup>e</sup> siècle, cette même seigneurie est partagée par moitié entre deux familles, celle de Lastours et celle de Ros ou Darros dont furent issues Ladaïx de Ros (1215) et Alasace de Ros (1287-1305) qui, d'après les auteurs de la *Gallia Christiana*, furent abbesses du célèbre monastère de Goujon.

Ce sont les représentants de ces deux familles seigneuriales, Curne des Tours et Michel de Ros, qui, le 14 avril 1261, accordèrent de concert aux habitants d'Endoufielle la charte des privilèges et libertés qui sera transcrite ci-après.

Cette charte des coutumes est deux fois mentionnée dans des arrêts que le Parlement de Toulouse fut appelé à rendre à l'occasion des nombreux procès survenus entre les familles seigneuriales d'Endoufielle, d'une part, les habitants de ce lieu ou les seigneurs voisins, d'autre part.

Le premier en date de ces arrêts est du 27 août 1551 [1]; il est

---

[1] Arch. du Parlement, série B, vol. 44, f° 594.

rendu entre Jean de Lastours, seigneur d'Andofielle, Arnaud-Guillem d'Ornézan et Guyon Degout, coseigneurs dudit lieu, d'une part, et le syndic des manants et habitants, d'autre part. Après avoir indiqué comme production des parties « l'instrument « de 1261 », l'arrêt ajoute : « sans avoir esgard aux articles « contenus audit instrument faisant mention de la manière de « punition des crimes et délits ».

L'autre arrêt du 15 mars 1627[1] met fin à un long procès entre Frédéric de Lastours, baron d'Andofielle, et Marguerite d'Ornézan, veuve de messire Amalric de Narbonne et de Lomaigne, marquise de Fimarcon, dame d'Auradé et coseigneuresse d'Endoufielle, le premier revendiquant le droit d'exiger l'hommage et le serment de fidélité que la seconde prétendait ne devoir qu'au roi. Le préambule de cet arrêt contient une longue énumération des titres nombreux et intéressants que chacune des parties crut devoir produire à l'appui de ses prétentions. Au nombre de ceux présentés par de Lastours figure un *Extrait des coutumes du lieu d'Andofielle, du 14 apvril 1261*. Marguerite, de son côté, exhibait des *Pactes de mariage du 10ᵉ février 1440*.

Il n'est pas inutile de rappeler que Marguerite d'Ornézan était l'héritière en ligne directe de sa trisaïeule Marguerite de Barthes qui, par contrat du 14 février 1440, avait épousé Arnaud-Guilhem d'Ornézan, et était elle-même fille d'Isabeau de Ros-Andofielle, de la famille d'un des coseigneurs de ce lieu.

Si nous insistons sur la mention de ces deux titres dans le préambule de l'arrêt du Parlement de 1627, c'est qu'on les retrouve côte à côte dans un inventaire des papiers, titres et documents existant au château d'Endoufielle, dressé le 28 mai 1676, à la requête de messire Bertrand Latour, avocat en Parlement et syndic représentant l'hôpital Saint-Joseph de Lagrave, de Toulouse, qui venait d'hériter des trois huitièmes de la seigneurie d'Endoufielle.

---

[1] Série B, vol. 472, fᵒˢ 324-340.

Cet inventaire, conservé aux Archives départementales du Gers et provenant du fonds du Grand Séminaire[1], porte que « dans la chapelle du château a esté trouvé un coffre, bois noyer, « fermé à clef à double ressort », dans lequel, au milieu de nombreuses autres pièces de procédures, on inventorie :

« N° 102. — Plus *une copie* (ces mots ont ensuite été effacés « comme constituant une erreur) un extrait non signé des costu- « mes (coutumes) du lieu d'Andofielle, estant en latin. »

« N° 103. — Plus une copie de dénombrement et pactes de « mariage de dame Marguerite de Barthes, fille d'Izabeau de « Rosio, avec Arnaud Guilhem d'Ornézan, du 24 décembre 1469 » (date du dénombrement).

Les mêmes pactes de mariage sont encore inventoriés sous le n° 242.

Le voisinage de ces deux documents dans le coffre de la chapelle indique suffisamment, semble-t-il, que ce sont bien ceux qui ont été produits devant le Parlement, en 1627; et comme l'inventaire précité ne mentionne qu'un seul extrait des coutumes, il est à présumer encore que c'est ce même document dont il a été fait état dans l'arrêt de 1551.

Découverte dans le fonds du Grand Séminaire, cette charte des coutumes, très précieuse pour notre histoire locale, est aujourd'hui conservée aux Archives départementales (carton 2, cote 206). Elle est écrite sur une feuille de parchemin fort jauni par le temps et l'usage, mesurant 0,418 mill. de haut sur 0,365 mill. de large, dont elle n'occupe que le recto. Elle comprend cinquante-quatre lignes d'écriture, espacées de six à sept millimètres, laissant au haut une marge de dix-huit millimètres et à droite une seconde de dix millimètres. Au bas, le parchemin présente un espace resté blanc et inutilisé de soixante-six millimètres; à gauche, la marge qui se trahit encore sur deux faibles points a partout ailleurs complètement disparu par suite de

---

[1] Cote 202.

déchirures et d'échancrures qui ont emporté le ou les premiers mots d'un grand nombre de lignes et rendu ainsi la lecture du texte particulièrement difficile. Aussi remarquera-t-on dans la copie de ce document quelques lacunes qu'il est assez peu commode de combler, car, rédigée par un notaire de Toulouse, cette charte n'offre que peu d'analogie avec celles qui ont été publiées pour la région. Un trou mesurant 0,041 × 0,032 coupe entièrement les quatre premières lignes, se termine par une déchirure complète, et avec la complicité d'une encre profondément altérée et presque effacée rend plus particulièrement pénible la reconstitution des cinq premières lignes. Cette partie de la charte est pourtant fort intéressante à connaître puisqu'elle indique, en même temps que les noms des coseigneurs, leurs droits dans la seigneurie et les circonstances dans lesquelles ils accordent la charte.

L'écriture, qui se rapproche beaucoup comme forme de la gothique carrée, a deux millimètres de corps; les lettres hautes et basses dépassent ce corps de deux millimètres à peine; les majuscules y sont assez rares. Les lettres, fort serrées et par suite assez mal formées, ne laissent aucune séparation entre les mots; les abréviations y sont beaucoup plus nombreuses que les mots complets; enfin le texte tout entier ne forme qu'un seul alinéa; à peine un soupçon de trait presque imperceptible sépare-t-il quelquefois des clauses de nature différente.

Comme l'indique l'inventaire susmentionné, le document ne porte trace d'aucune signature.

Au verso de la feuille de parchemin se lisent deux titres que le désir de rendre cette description aussi complète que possible nous fait transcrire ici : *n° 95. Coustumes d'Andofielle pour le droit de sang et des questes et agrier des sangneurs. 10-14 apvril 1261*, et encore : *Coustumes du lieu d'Andofielle. Lastours, Darros, n° XXVI. Lias. 3ᵉ, titre Iᵉʳ bis, 17 P 4.*

Dans la copie qui va suivre, au lieu de transcrire la charte d'une façon continue, comme le texte original, il nous a paru plus convenable d'isoler chaque clause particulière et de la présenter sous forme d'un alinéa précédé d'un court sommaire français. Des points d'interrogation signaleront les mots qui paraissent douteux; ceux que le sens permettra de rétablir ou mieux de supposer seront placés entre crochets. Enfin, la ponctuation faisant totalement défaut dans le texte original, nous mettrons dans la copie celle que le sens semblera exiger.

## COUSTUMES DU LIEU D'ANDOFIELLE.

14 Apvril 1261.

[Noverint] universi presentes pariter et futuri quod domina Longua, uxor condam domini Solcinssi de T[urribus, et Curnus de] Turribus, eorum filius, quant[um ad medietatem, et domina Anglesia con]dam uxor Michaelis de Brossio et Micael de Brossio, eorum filius, quantum ad aliam medie[tatem, pro se et pro] eorum successoribus dederunt et concesserunt omnibus et feminabus castri de Andofilla et qui ibi habitabant et habitabunt in futurum p[erpetuo omnes] libertates, usus et consuetudines subtus scriptas.

*Ratification de coutumes antérieures.* — [In primis] approbaverunt et h (?) valere voluerunt perpetuo et concesserunt libertates, usus et consuetudines omnes quæ eis d[atæ fuerunt] per dictos dominos Solcinssinum de Turribus et Micabelem de Brossio et per uxores dominas supradictas sicut melius et plenius eas homines et feminas dicti castri habuerint actenus.

1. — *Personnes originaires d'Endoufielle.* — *Redevances des laboureurs travaillant avec deux ou plusieurs animaux.* — Voluerunt preterea dicte domine et eorum filii predicti et eciam eisdem hominibus et feminabus concesserunt quod omnes homines naturales et femine dicti castri, scilicet qui pro se et suis antecessoribus vel antiquitate sua sint dicti castri, scilicet quislibet ipsorum qui laborabit in dicto castro cum duabus bestiis vel pluribus cujuscumque generis sint teneatur dare singulis annis dominis dicti castri in festo Omnium. Sanctorum unum sesterium frumenti et tres eminas avene ad communem mensuram Samatani et II solidos morlendos unam fogassam estivalem et unam gallinam, vel per (cor. pro) gallina duos galinatos.

2. — *Redevances des laboureurs travaillant avec un seul animal.* — Et

*

si forte aliquis ipsorum hominum naturalium et feminarum dicti castri laborabit cum una bestia, teneatur dare dominis dicti castri in eodem festo annuatim I eminam frumenti et unum sesterium avene ad eandem mensuram et XII denarios morl. et fogaciam et gallinam vel gallinatos, sicut est dictum.

3. — *Redevances des brassiers.* — Et qui [bestiis] non laborabit teneatur dare dictis dominis annuatim in dicto festo I carteriam frumenti et unam eminam avene ad eandem mensuram et VI denarios morl. et fogaciam galinam vel duos galinos ut est dictum.

4. — *Personnes étrangères.* — *Redevances des femmes non mariées.* — Femine non naturales maritum non habentes teneantur dare dominis dicti castri annuatim in festo supradicto scilicet quæque earum I carteriam frumenti ad dictam mensuram VI denarios morl. et fogaciam et gallinam vel II gallinatos ut est dictum.

5. — *Redevances des locataires et des femmes qui viennent habiter la seigneurie.* — Item omnes affitani et femiue dicti castri, scilicet qui de novo venerit (cor. venerint) vel de cetero veniunt ibi causa manendi, quisque ipsorum si laboravit vel non laboravit teneantur dare singulis annis dominis dicti castri in dicto festo Omnium Sanctorum unam eminam avene ad eandem mensuram Samatani et XVIII denarios morl. et similiter predicto magistro I fogaciam unam gallinam vel II gallinatos pro gallina.

6. — *Obligation pour les seigneurs de donner des terres à fief et rente à payer.* — Item domini dicti castri teneantur dare de suis terris heremis, ubi homines et femine voluerint, omnibus hominibus et feminabus dicti castri tam naturalibus quam affitanis in feodum cum carta publici instrumenti scilicet cuique unam sesteriatam terre ad faciendum et tenendum ibi vineam vel casalem vel bordam cum VI denarios morl. obliarum.

7. — *Rentes des fiefs.* — Feudotarii nisi faciant dictis dominis annuatim in dicto festo Omnium Sanctorum pro quocumque sesterata et III denarios reacapite quando evenerit et donent inde eisdem dominis fidem et IV denarios justiciam si feudotarius juste inde fuerit inculpatus et de quoque solido venditionis. I denarium et de quoque solido pignorationis I obolum.

8. — *Conditions d'aliénation des fiefs.* — Et feudotarii non possint

dicta feuda superfeudare nec vendere nec impignorare nec alienare domino forciatori, nec militi, nec filio, nec clerico, nec domui religionis, nec alicui innenti nisi habitanti in castro supradicto cui domini dicti castri debent illa laudare ex parte dominationis, salvis ibi suis pax et dominationibus supradictis; tamen ipsi domini possint ea si voluerint eo pretio et modo quocumque alio retinere.

9. — *Faculté de défricher; agrier à payer pour ces terres.* — Si vero homines et femine dicti castri naturales vel affitani voluerint exercinare et incultum [excolere] et habere et tenere de terris heremis dictorum dominorum possint hoc facere, et domini debent eas eis et in ordinio concedere in feudum cum carta publici notarii, salvo sibi et retento agrario scilicet nona parte totius bladi quod inde exierit qui inde eisdem dominis reddatur fideliter in garba vel in grano in eodem feudo ad electionem dominorum; et habeant similiter ipsi domini fidem et justiciam IIII denarios de quolibet feudo si fuerit feudotarius inculpatus, et venditiones et impignorationes et omnes alias predictas dominationes, exceptis obliis et reacaptis... debent.

10. — *Agrier sur les noyers.* — Et si nucarii ibi fuerint, debent inde dare dominis agrarium de nucibus earum.

11. — *Homicide et vol; leur punition.* — Item qui faciet homicidium vel furtum, bona eorum omnia dominis dicti castri veniant.

12. — *Amende pour blessure et effusion de sang.* — Et qui faciet vulnus vel effusionem sanguinis humani teneatur dare dominis dicti castri LX sol. morl. pro justicia, si clamor inde fuerit eis factus.

13. — *Procès; amendes.* — De aliis clamoribus communibus habeant domini de parte victa quinque sol. morl. pro justicia.

14. — *Adultère; sa punition.* — Si aliquis homo adulterans ibi captus fuerit vel femina adulterando, adulterantes curant villam nisi [homines] dicti castri super hoc concordarent. Tamen domini dicti castri non possint adulterantes capere sine duobus vel pluribus probis hominibus dicti castri.

15. — *Les fours, la forge, la garde des portes et des porcs appartient aux seigneurs.* — Item furni comunes dicti castri et fabrice... dicti castri et eciam dicti castri [prob. domini] retinuerunt sibi custodiam portarum ipsius castri et custodiam ovium et porcorum hominum et feminarum dicti castri.

16. — *Faculté pour chaque habitant de garder ou faire garder ses animaux.* — Sed quilibet ipsorum hominum potest propria animalia si voluerit custodire vel facere custodire ad suum micium vel micios.

17. — *Redevances pour la garde des porcs.* — Et si domini facerent eis custodire porcos hominum et feminarum dicti castri, debent et promiserunt illud facere optime, et debent habere de tribus porcis vel de tribus suis fructum non habentibus quoque mense unum denarium morlas, et de qualibet sue fructum habente unum porcellum in una porcellata et unam porcellam ex alia porcellata.

18. — *Redevances en nature pour la garde des brebis.* — Et si domini facient oves dictorum hominum et feminarum custodire, debent habere quocumque anno unum sesterium medietatem frumenti et aliam medietatem mixtem pro custodia omnium, scilicet a decem usque ad quatuordecim, et ab isto numero citra et ultra eodem ratione. Et ultra debent habere domini de festo sancte Marie martii usque ad festum sancte Marie augusti una quaque septimana annuatim lac dictarum ovium quod die veneris in sero et quaque die sabati in mane et ultra in sero diei festi Pasche Domini et in mane diei festi Pentecostes et in mane diei festi sancti Johannis Baptiste habeant domini lac dictarum ovium pro custodia bassinarum. Et si porci, vel sues, vel oves amitterentur ob culpa custodum, domini debent compellere custodes ad custodendum ea.

19. — *Faculté d'avoir son four particulier.* — Item licitum est omnibus dicti castri quod habeant furnos scilicet quisque in sua propria domo ad coquendum suum proprium panem et non alienum.

20. — *Droit d'usage, de parcours et dépaissances dans les propriétés seigneuriales.* — Et omnes homines et femine dicti castri debent habere ad usum suum et suarum familiarum et animalium expletiva aquarum et nemorum et pascua sive tala in omnibus honoribus dominorum dicti castri et introitus et [exitus] et hoc totum ita libere bona fide, salvis eisdem dominis suis clamoribus et justiciis.

21. — *Les seigneurs réservent le droit d'acheter à crédit.* — Item homines et femine dicti castri tenentur vendere victualia, si habuerint, dominis dicti castri si eis [opus] fuerit, justo pretio, cognitione duorum proborum hominum dicte ville, et incontinenti persolvatur eis pretium, vel pro eo donent eis bonos fidejussores idoneos et comunes, vel tradant

eis bonum pignus et persolvatur vel expediatur infra mensem. Sint
[cor. sin] autem ex tunc possint illud pignus impignorare vel vendere
pro suo recuperando, et plus si habuerint, debent reddere domino sive
[domini]s a quibus fuerit pignus illud.

22. — *Garde des propriétés et partage des amendes.* — Item domini
et probi homines dicti castri debent eligere et ponere custodes cum
juramento in mediis casalibus et omnibus aliis honoribus dicti castri
et de justicia que inde habebitur debent habere domini tertiam partem
et universitas dicti castri aliam tertiam partem et custos aliam tertiam
partem.

23. — *Fixation des travaux de corvée.* — Item homines et femine
dicti castri debent operari in clausura dicti castri et ipsum claudere
scilicet facere opus vicinalem per unum diem qualibet septimana a festo
Omnium Sanctorum usque ad festum sancti Johannis Baptiste, semper
annuatim, et hoc cognitione dominorum et quatuor proborum hominum
dicti castri.

24. — *Service militaire des hommes.* — Et est sciendum quod domini
dicti castri sibi retinuerunt et habent exercitum et cavalgatam in hominibus dicti castri quando opus erit et suis propriis expensis eos cequi
per unum diem et noctem. Et si ultra unum diem et noctem in eodem
exercitu et cavalgata extiterint, debent domini facere eis necessaria,
bona fide, quantum ultra diem et noctem eos tenebunt in exercitu seu
cavalgata supradicta.

25. — *Les seigneurs promettent de protéger et défendre les personnes et
les biens.* — Item dicti domini debent et convenerunt deffendere et custodire omnes homines et feminas dicti castri in personis et bonis fideliter pro posse suo omnibus locis et ubique.

26. — *Faculté de quitter la seigneurie et de disposer de ses biens.* — Et
si homines et femine dicti castri voluerint inde exire et ire alibi causa
manendi, et [voluer]int vendere, impignorare vel alienare sua bona
possint hoc facere et debent illa salvis suis habitationibus et juribus
[guidare] et eos conducere per diem ab omnibus invicem juribus bona fide.

27. — *Révocation et annulation de toute charte antérieure, s'il en existait,
et confirmation des présentes libertés.* — Preterea voluerunt et concesserunt domini supradicti quod si forte aliqua instrumenta reperientur de
cetero super habitatibus et consuetudinibus et usibus dicti castri usque

ad diem presentem concessa non valeant, set (cor. sed) irrita remaneant penitus et inana, et quod hoc presens instrumentum et omnia et singula ibi contenta perpetuo valeant et ab ipsis dominis et successoribus suis et ab omnibus hominibus et feminabus dicti castri presentibus et futuris teneantur et serventur in perpetuum inconcursa.

28. — *Les seigneurs jurent d'observer les présentes libertés.* — Dicti enim domini, scilicet Curnus de Turribus et Micahel de Rossio, pro se et successoribus suis, juraverunt super sancta Dei Evangelia ab eis corporaliter tacta et etiam promiserunt omnibus hominibus et feminabus dicti castri presentibus et futuris se hæc omnia et singula supradicta servare et complere perpetuo firmiter incorrupta et non in aliquid contra ire.

29. — *Date.* — Actum fuit hoc et ita concessum xiiii die introytus mensis aprilis, regnante Ludovico Francorum rege, Alfonso tolosano comite, Ramundo episcopo, anno Mº CCº sexagesimo primo ab incarnatione Domini.

30. — *Témoins de l'acte.* — Hujus totius rei per scripte sunt testes Bernardus de Marestanh, hospitalerius, et Petrus de Sto Johe, milites, et Bernardus de Marestanh, frater dicti domini Micahelis de Rossio, domicellus, et Guillermus de Rayna, notarius, et Guillermus Johannes de Rayna, frater ejus, et Guillermus de Femorerio, cappellanus de Andoffilla, et Petrus de Bonecachis, diaconus, et Paulus, Tolose notarius qui cartam istam scripsit.

---

### TRADUCTION FRANÇAISE DU TEXTE LATIN PRÉCÉDENT.

Sachent tous présents et à venir que dame Longua, veuve du seigneur Solcense de Lastours, et Curne de Lastours, leur fils, pour une moitié [de la seigneurie], dame Anglésie, veuve de Michel de Ros, et Michel de Ros, leur fils, pour l'autre moitié, agissant pour eux et pour leurs successeurs, ont donné et concédé à tous les hommes et femmes du lieu d'Endoufielle, qui y habitaient en ce moment et qui y habiteront à l'avenir, les libertés, usages et coutumes ci-après spécifiées.

1. — *Ratification des coutumes antérieures.* — En premier lieu, ils ont approuvé, validé et concédé à perpétuité toutes les libertés, us et coutumes qui leur ont été accordés par les susdits seigneurs, Solcense

de Lastours et Michel de Ros et leurs dames, aussi avantageuses et aussi complètes que les habitants de ce lieu en aient joui jusqu'à ce jour.

2. — *Personnes originaires d'Endoufielle. Redevances des laboureurs travaillant avec deux ou plusieurs animaux.* — En outre lesdites dames et leurs fils susnommés ont accepté et concédé que les hommes et femmes originaires du lieu, c'est-à-dire ceux qui par eux-mêmes ou leurs ancêtres ou par l'antiquité de leur origne seront de cette localité, s'ils labourent avec deux ou plusieurs animaux de quelque espèce qu'ils soient, seront tenus de payer chacun annuellement aux seigneurs du lieu, à la fête de Toussaint, un setier[1] de blé, trois émines d'avoine, mesure ordinaire de Samatan, deux sous morlas, une fouace pendant l'été, une poule ou deux poulets à défaut de poule.

3. — *Redevances des laboureurs travaillant avec un seul animal.* — Tout homme ou femme, originaire du lieu, qui labourera avec un seul animal sera tenu de payer annuellement aux seigneurs, pour la même fête, une émine de blé, un setier d'avoine, même mesure, douze deniers morlas[2], une fouace, une poule ou deux poulets, comme il est dit plus haut.

4. — *Redevances des brassiers.* — Celui qui ne labourera pas devra payer chaque année aux seigneurs, pour la même fête, une quartière de blé et une émine d'avoine, mesure de Samatan, six deniers morlas, une fouace, une poule ou deux poulets, comme il est dit ci-dessus.

5. — *Redevances des femmes étrangères n'ayant pas de mari.* — Les femmes qui ne sont pas originaires du lieu et n'ont pas de mari devront chacune payer annuellement aux seigneurs, pour la fête susdite, une quartière de blé, même mesure, six deniers morlas, une fouace, une poule ou deux poulets, comme il est déjà dit.

6. — *Rentes des étrangers et des femmes qui viennent habiter la seigneurie.* — Pour les étrangers et femmes qui viennent à Endoufielle pour la première fois ou qui y reviennent avec l'intention d'y demeurer,

---

[1] Le *setier*, ancienne mesure de capacité, valait, croit-on, 126 litres : l'émine était la moitié du setier ; la quartière en était le quart.

[2] Monnaie de Béarn, fort en usage dans notre région. Douze deniers formaient un sou ; vingt sous formaient une livre. La valeur de la livre a beaucoup varié, suivant les époques.

L'*obole*, connue aussi sous le nom de *maille*, valait la moitié d'un denier.

chacun d'eux, qu'il laboure ou non, devra payer annuellement aux seigneurs du lieu, à la même fête de Toussaint, une émine d'avoine, même mesure de Samatan, dix-huit deniers morlas et aussi une fouace, une poule ou deux poulets en place de poule.

7. — *Obligation pour les seigneurs de donner des terres à fief et rente à payer.* — Les seigneurs sont tenus de donner en fief à tous les hommes et femmes du lieu, tant originaires que nouveaux venus, où ceux-ci la voudront et par acte public, savoir à chacun une sesterée[1] de leurs terres incultes pour y faire et y exploiter une vigne, un jardin ou une borde, moyennant six deniers morlas d'oublies.

8. — *Rentes des fiefs.* — Les feudataires paieront annuellement aux seigneurs, pour la même fête de Toussaint, pareille somme pour chaque sesterée, et trois deniers de recapte[2] quand elle se produira; ils rendront pour ce fief hommage de fidélité aux seigneurs, paieront chacun quatre deniers d'amende s'ils sont reconnus coupables, un denier pour chaque sou de vente et une obole pour chaque sou d'hypothèque.

9. — *Conditions d'aliénation des fiefs.* — Les feudataires ne pourront sous-louer, vendre, engager ou aliéner leurs fiefs à un seigneur qui ait usé de force, à un chevalier, à leur fils, à un clerc, à un établissement religieux, ni à une personne étrangère, mais seulement à un habitant du lieu, à qui les seigneurs doivent louer ces fiefs, pour leur part de domination, en réservant sur ces terres leurs droits de lods[3] et autres redevances sus-énoncées. Cependant les seigneurs pourront, s'ils le veulent, reprendre ces fiefs pour le même prix ou de toute autre manière.

10. — *Faculté de défricher; agrier à payer pour ces terres.* — Si les habitants du lieu, originaires ou nouveaux venus, veulent défricher, mettre en culture, posséder et exploiter les terres incultes appartenant aux seigneurs, ils auront le droit de le faire, et les seigneurs devront les leur concéder en fief, par acte public et notarié, en se réservant l'agrier, c'est-à-dire la neuvième partie du blé qui y sera récolté; ce blé

---

[1] La *sesterée* était une ancienne mesure agraire, essentiellement locale, dont la superficie exacte n'est indiquée dans aucun document. La redevance payée semblerait indiquer qu'elle équivaut environ à une demi-concade ou quarante-quatre ares.

[2] On appelait *recapte, rachat* ou *relief* un droit de mutation qui était payé au seigneur quand un fief passait par *héritage* d'une personne à une autre; variable suivant les coutumes locales, il consistait fréquemment dans la redevance d'une année.

[3] Le droit de *lods, los* ou *pax* était dû à raison d'un denier par sou de vente, toutes les fois qu'un fief était *vendu.*

sera fidèlement remis aux seigneurs, dans le fief lui-même, en gerbes ou en grains, à leur choix; les seigneurs doivent également recevoir hommage de fidélité, quatre deniers d'amende par fief si le feudataire est inculpé, ainsi que les droits de vente et d'hypothèques et toutes les autres redevances, excepté les oublies et les récaptes qu'ils ne doivent pas.

11. — *Agrier des noyers.* — Si, sur cette terre, il y a des noyers, les feudataires devront donner aux seigneurs l'agrier des noix.

12. — *Homicide et vol; leur punition.* — Celui qui commettra un homicide ou un vol aura tous ses biens confisqués au profit des seigneurs.

13. — *Amende pour blessure et effusion de sang.* — Celui qui aura occasionné une blessure ou effusion de sang humain devra payer aux seigneurs une amende de soixante sous morlas, si on leur porte plainte pour ce fait.

14. — *Procès, amendes.* — Dans les procès particuliers, les seigneurs recevront cinq sous morlas d'amende de la partie qui succombera.

15. — *Adultère, sa punition.* — Si un homme ou une femme sont surpris commettant l'adultère, les coupables parcourront la ville, à moins que les habitants ne soient en désaccord sur ce point. Toutefois les seigneurs ne pourront saisir les coupables sans deux ou plusieurs prud'hommes du lieu.

16. — *Les fours, la forge, la garde des portes, des brebis et des porcs appartiennent aux seigneurs.* — Les fours communs et la forge banale du lieu appartiendront aux seigneurs qui se sont réservé aussi la surveillance des portes du village et la garde des brebis et des porcs des habitants.

17. — *Faculté pour chaque habitant de garder ou de faire garder ses animaux.* — Cependant chaque habitant peut, s'il le veut, garder ou faire garder par ses serviteurs les animaux lui appartenant.

18. — *Redevances pour la garde des porcs.* — Si les seigneurs font garder les porcs des habitants, ils doivent et ont promis le faire de leur mieux, et ils percevront, pour trois porcs ou trois truies n'ayant pas de petits, un denier morlas chaque mois; pour chaque truie ayant mis bas, ils auront droit à un pourceau mâle dans une portée et à une femelle dans la portée suivante.

19. — *Redevances en nature pour la garde des brebis.* — S'ils font garder les brebis des habitants, les seigneurs doivent recevoir chaque année un setier, moitié blé, moitié mesture, pour la garde de tous les animaux depuis dix jusqu'à quatorze; au-dessous et au-dessus de ce nombre, ils recevront suivant la même proportion; en outre il doit leur être remis annuellement et chaque semaine depuis la fête de sainte Marie de mars jusqu'à la fête de sainte Marie d'août du lait de ces brebis qui leur sera livré le vendredi soir et chaque samedi matin; ils devront en recevoir encore le soir de la fête de Pâques, le matin de Pentecôte et de la fête de saint Jean-Baptiste, pour la garde des bassins. Si les porcs, truies ou brebis venaient à s'égarer par la négligligence des gardiens, les seigneurs doivent les réprimander afin que ces animaux soient mieux gardés.

20. — *Autorisation d'avoir son four particulier.* — Il est permis à tous les hommes du lieu d'avoir des fours, chacun dans sa maison, pour cuire son propre pain, mais non le pain d'autrui.

21. — *Droit d'usage et de dépaissances dans les propriétés seigneuriales.* — Hommes et femmes du lieu ont droit pour leur service, celui de leurs familles et de leurs animaux à l'usage des eaux et des bois et aux dépaissances, sans causer de dégâts [1], sur toutes les terres des seigneurs, avec entrées et sorties, et tout cela librement, de bonne foi, en réservant aux seigneurs leurs plaintes et amendes.

22. — *Les seigneurs réservent le droit d'acheter à crédit.* — Hommes et femmes du lieu sont tenus, s'ils en ont, de vendre des vivres aux seigneurs quand ceux-ci en auront besoin, à un juste prix, à la décision de deux prud'hommes de la ville; le prix leur en sera immédiatement soldé, ou bien les seigneurs donneront pour le garantir de bonnes cautions solvables et ordinaires, ou bien ils leur remettront un gage suffisant qui devra être payé et dégagé avant un mois; passé ce délai, les vendeurs pourront engager ou vendre ce gage pour rentrer dans leur dû; s'ils en retirent davantage, ils doivent remettre la différence au seigneur à qui appartenait ce gage.

23. — *Garde des propriétés et partage des amendes.* — Les seigneurs et les prud'hommes du lieu doivent choisir et établir des gardes asser-

---

[1] C'est par erreur que le texte latin porte « sive tala ». C'est « sine tala » qu'il faut lire.

mentés pour surveiller les jardins et toutes les autres terres de ce lieu; des amendes qui en proviendront les seigneurs doivent recevoir un tiers, la communauté un autre tiers, le garde le dernier tiers.

24. — *Fixation des travaux de corvée.* — Hommes et femmes doivent travailler à la fermeture du village et le fortifier en faisant chaque année la corvée pendant un jour de chaque semaine, depuis la fête de Toussaint jusqu'à la fête de saint Jean-Baptiste, et cela à la décision des seigneurs et de quatre prud'hommes du lieu.

25. — *Service militaire des hommes.* — Il faut savoir que les seigneurs se sont réservé le service militaire et la chevauchée des hommes du lieu qui, quand besoin sera, devront les suivre à leurs propres frais pendant un jour et une nuit. Les seigneurs devront, de bonne foi, leur fournir ce qui leur sera nécessaire quand il les auront retenus au service ou à la chevauchée au delà d'un jour et d'une nuit.

26. — *Les seigneurs promettent de protéger et défendre les personnes et les biens.* — Les seigneurs ont le devoir et ont promis de défendre et protéger tous les hommes et femmes du lieu dans leurs personnes et leurs biens, fidèlement, suivant leur pouvoir, en tous lieux et en toutes circonstances.

27. — *Faculté de quitter la seigneurie et de disposer de ses biens.* — Si hommes ou femmes du lieu veulent en sortir et aller ailleurs pour y demeurer, ils pourront à leur gré vendre, engager ou aliéner leurs biens, et on devra, de bonne foi, les accompagner et les conduire pendant un jour, leurs biens, habitations et droits de toute nature demeurant saufs.

28. — *Révocation et annulation de toute charte antérieure, s'il en existait, et confirmation des présentes libertés.* — Les seigneurs ont en outre arrêté et convenu que si, par hasard, on retrouvait quelque acte concédé jusqu'à ce jour touchant les usages et coutumes de ce lieu, il demeure sans valeur, qu'il soit considéré comme nul et cancellé, et que le présent acte avec toutes et chacune des clauses qu'il contient soit seul valable à tout jamais; qu'à perpétuité ces clauses soient tenues et gardées immuables par les seigneurs eux-mêmes et leurs successeurs, ainsi que par tous les hommes et femmes de ce lieu, présents et futurs.

29. — *Les seigneurs jurent d'observer les présentes libertés.* — Et aussitôt les seigneurs susnommés, Curne de Lastours et Michel de Ros,

pour eux et leurs successeurs, ont juré sur les saints Évangiles matériellement touchés, et en même temps ont promis à tous les hommes et femmes de ce lieu, présents et futurs, d'observer et accomplir fidèlement, à perpétuité, comme inviolables toutes et chacune des conventions susdites et de n'y contrevenir en quoi que ce soit.

30. — *Date.* — Cette charte fut faite et ainsi accordée le quatorzième jour du mois d'avril, l'an mil deux cent soixante un après l'incarnation du Seigneur, sous le règne de Louis [IX], roi de France, Alphonse étant comte de Toulouse et Raymond, évêque.

31. — *Témoins de l'acte.* — De tout ce qui est écrit ci-dessus sont témoins Bernard de Marestaing, frère hospitalier; Pierre de Saint-Jean, chevalier; Bernard de Marestaing, damoiseau, frère du seigneur Michel de Ros; Guilhem de Rayna, notaire; Guilhem-Jean de Rayna, son frère; Guilhem de Femorier, chapelain d'Endoufielle; Pierre de Bonnecaze, diacre, et Paul, notaire de Toulouse, qui a écrit cette charte.

Le préambule de la charte qui vient d'être transcrite montre qu'antérieurement à cet acte, des coutumes et libertés avaient été accordées aux habitants d'Endoufielle par les précédents seigneurs, coutumes que leurs veuves et leurs fils ont à cœur de confirmer et maintenir, de rendre meilleures et plus complètes, à l'occasion de leur rédaction en forme d'instrument public.

Peut-être même ces premières coutumes avaient-elles fait l'objet d'une charte; ce qui porterait à le croire, c'est la clause, spéciale insérée dans l'acte ci-dessus, par laquelle les seigneurs conviennent de considérer comme nuls et cancellés, si par hasard on en découvrait, tous actes antérieurs relatifs aux usages et coutumes de la localité, voulant que le présent ait seul force et valeur à perpétuité.

Ces coutumes subirent cependant d'importantes modifications dans le cours des siècles qui suivirent, et si quelques clauses accessoires cessèrent d'être exécutées, il est certain que l'usage en établit d'autres au sujet desquelles il ne reste que de vagues renseignements.

Par un arrêt du 11 septembre 1553, le parlement de Toulouse

ordonne « que lesdits seigneurs exhiberont et mettront devers la
« cour certain livre produit par ledit de Lastours, ensemble ledit
« d'Ornézan *l'original des prétendues coutumes* et autres livres et
« papiers par eux détenus ; et depuis ayant été remis lesdits
« livres, instruments de recognoissances et autres productions
« des parties, ordonne la Cour que ledit instrument de reco-
« gnoissances, comme contenant divers articles réprouvés par
« droit divin et humain, sera détruit et rompu, sauf que certains
« articles non réprouvés seront extraits et signés par le gref-
« fier [1] ». Ce qui fut fait sans délai.

Là s'arrêtent les documents qui ont trait aux coutumes
d'Endoufielle.

[1] Archives départementales du Gers, fonds du Grand-Séminaire d'Auch, n° 11305.

Auch. — Imprimerie Léonce COCHARAUX, rue de Lorraine.

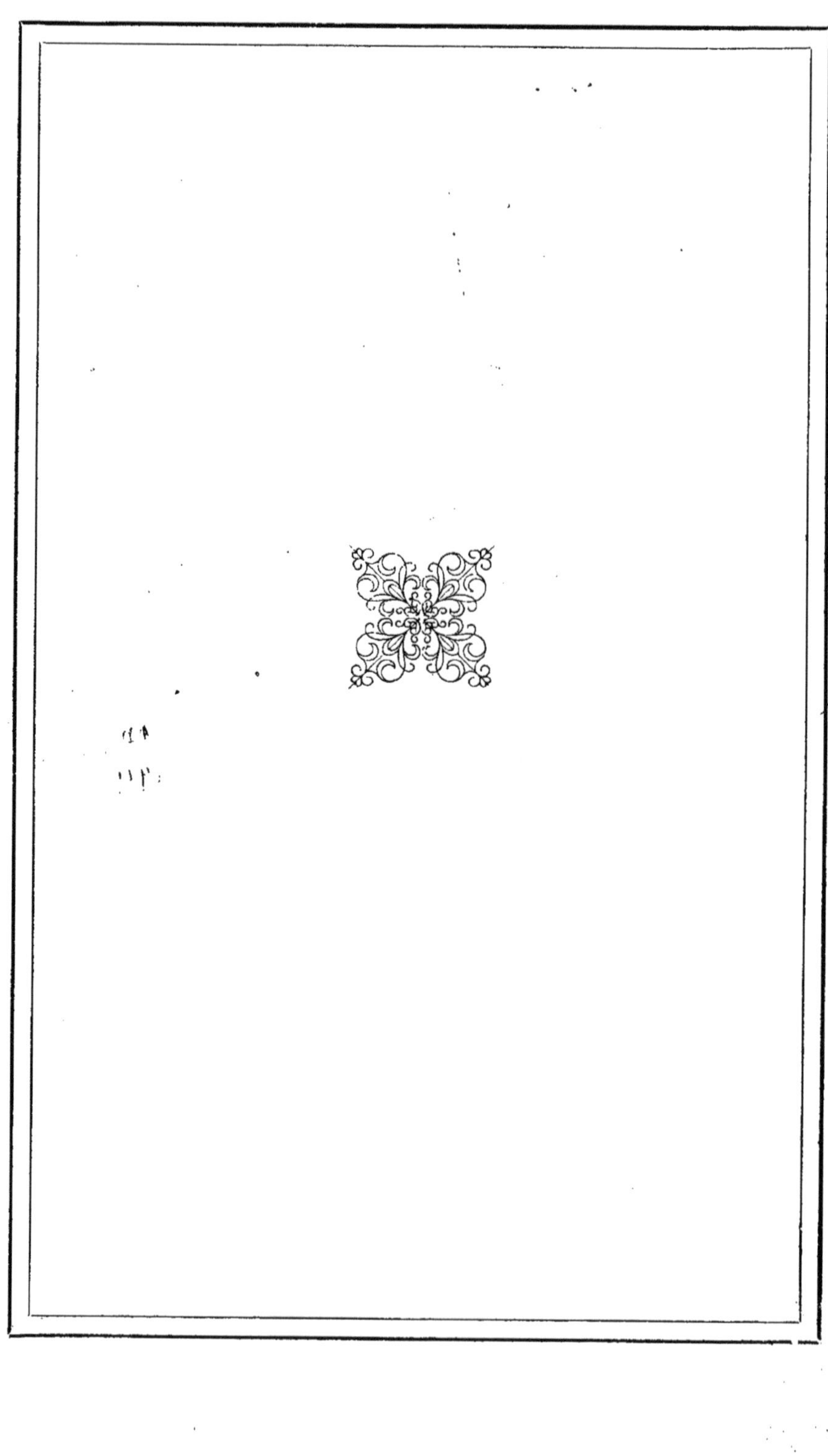

www.ingramcontent.com/pod-product-compliance
Ingram Content Group UK Ltd.
Pitfield, Milton Keynes, MK11 3LW, UK
UKHW020141080726
13614UKWH00005B/2335